CoLibri
FairLag

Amira Trümner

NEULAND

Impressum

www.amira-truemner.de

ISBN Druck: 978-3-949790-03-4

eBook: 978-3-949790-44-7

1. Auflage September 2022

Texte: Amira Trümner

Konzept und Schlussredaktion: Susanne End

Lektorat: Dagmar End

Mitarbeit: Claudia Hirrle, Matthias Epperlein-Trümner, Johanna Adler

Layout: Klaus Donarski, www.klausdonarski.de

Bilder: Ulrich Haug, Jutta Panke, Ulrica Barandun, Judith Scherhorn, Amira Trümner, www.unsplash.de

CoLibri FairLag, www.colibri-books.de

Colibrij Media UG, Weßling

Druckerei: FINIDR, s.r.o., Lípová 1965, 737 01 Český Těšín, Tschechische Republik

SEGEN

Möge Frieden sein.

INHALT

ERÖFFNUNG

Wir befinden uns in einem kollektiven Prozess, einem Wandel in eine neue Zeit hinein. Im Moment sieht das auf der Erde nach viel Zerstörung aus.

Vielleicht hast du immer schon gewusst, dass du einen Platz mitten in diesem Wandel haben musst und dass du sogar genau deswegen gekommen bist. Es könnte sein, du kennst das Gefühl von „Ich bin wichtig“ und gleichzeitig „Ich bin noch nicht da, wo ich hingehöre.“

Da ist das Wissen, dass du für etwas bestimmt bist, aber du weißt nicht immer, wie du es leben kannst. Du suchst es über deine Tätigkeiten, willst dir und deinem Sein einen Sinn geben, sonst kannst du dich nicht bewegen. Vieles ist schon da. Aber etwas findest du nicht, von dem du weißt, dass du dafür hier bist.

Du bist feinsinnig und empfindsam, hast offene Wunden in deiner Seele, für die du dich manchmal schämst und du versuchst sie zu verstecken, wenn du dich bedroht fühlst. Schemenhaft siehst du deine Gefährten, hast aber kein Band, das sie zusammenhält.

Etwas Altes muss verlassen werden, aufgebrochen werden, damit du auf einem neuen Weg gehen kannst. Es ist groß und muss mächtig sein. Das weißt du. Du wirst alles dafür geben und vergisst auf dem Weg manchmal, dass du selbst alles bist.

Wenn jemand dein Herz berührt, läuft es über, weil so viel darin ist. Manchmal steht dir dein Kopf im Weg und du macht es kompliziert, dann kommst du nicht mehr weiter, bis du erst zurückrutschst, dich zurückziehst und dann die Fühler wieder ausstreckst, wenn das Sonnenlicht dich zärtlich lockt.

Du strebst nach deinem ganz Eigenen, darin kannst du auch sehr konsequent und sogar hart sein, denn du willst es wirklich wissen. Du suchst diesen Platz in der Schöpfung unbeirrbar und wenn nötig ein Leben lang. Dort erst findest du Frieden und atmest aus. Auch das weißt du. Manchmal stellst du dich in Frage, obwohl du führen könntest und du kannst Ermutigung gut gebrauchen, auch wenn du es dir nicht immer eingestehst.

In deinem Leben gibt es vielleicht Bindungen und Einschränkungen, der Weg ist nicht ganz frei. Das Kraft sammeln, um die Ketten zu sprengen, gehört zu deinem Weg und bringt dich schließlich in den Durchbruch zu etwas noch nie Dagewesenem.

Und hier schließt sich der Kreis.

Denn du bringst etwas noch nie Dagewesenes. Deswegen konntest du es nicht in der Welt finden. Sondern nur in dir.

Wenn du mich fragst: Ich komme für Neuland. Für ein Land, das entsteht, wenn Himmel und Erde miteinander verschmelzen. Es ist die Geburt von etwas ganz Neuem und niemand kann mir sagen, wie das geht. Es steht in mir selbst geschrieben. Dieses Buch ist meine innere Mitschrift davon. Ich schenke es dir und jedem, der in seinem Leben unterwegs nach Neuland ist.

Für mich bist du unglaublich. Ein ganzes Universum. Und wenn du dich öffnest, dann funkelt es. Es beginnt zu leuchten.

War es nicht das, warum wir gekommen sind?

#neuland

ABENTEUER

Mit dem Wunsch, am eigenen Platz anzukommen, ist oftmals auch die Hoffnung verbunden, dass es dann „leichter" wird. Ich kenne niemanden, dem dieser Platz in den Schoß gefallen ist. Es ist Aufwand. Es braucht Vertrauen, Mut, Aufmerksamkeit, Zeit und manchmal auch ganz weltliche Mittel, die dafür investiert werden wollen.

Manchmal bedeutet es auch, ein Risiko einzugehen. Ehrlich gesagt sogar sehr oft. Alles auf Nummer sicher zu stellen – so läuft es nicht. Der eigene Platz ist dein Abenteuer. Indem du das Abenteuer lebst, bist du an deinem Platz.

Der eigene Platz ist verbunden mit Bewegung, aber einer Bewegung, die Führung bekommt. Die Kraft in dir entwickelt sich, indem du dein Schiff durch die Wellen bringst. Der Mut kommt, indem es dir gelingt, dich immer wieder in den richtigen Wind zu stellen. Das Vertrauen entsteht, weil dein Herz lacht, auch wenn du nicht immer weißt, wo das nächste Land ist.

Aber du musst irgendwann (und immer wieder) los. Die Seile lösen und den sicheren Hafen verlassen.

ANDERS

Manchmal arbeite ich mit Menschen, die verkannt sind. Deren Licht keine Resonanz auf der Erde zu finden scheint. Die von vielen nicht nur nicht-gesehen werden, sondern die mehr oder weniger offensichtlich abgelehnt werden.

Zu verrückt.
Zu anders.
Zu seltsam.
Zu gefährlich.

Es sind oft Menschen, die einen tiefen Zugang zur Wahrheit haben. Und Wahrheit wollen nicht alle. Nicht jetzt. Morgen vielleicht. Aber nicht jetzt.

Es sind manchmal Menschen, die viel Macht in sich tragen und es sich kaum trauen, in ihrer ganzen Größe aufzutauchen, weil sie andere verschrecken könnten und das ist nicht ihr Ziel.

Es sind meistens Menschen, die sich mir bedingungslos anvertrauen. Weil sie wissen, dass sie nicht aufgeben können und ich sie nicht aufgeben könnte.

Ich glaube an eine Welt, in der jeder seinen Platz hat. Viele, die ihren noch nicht einnehmen konnten, dürfen eingeladen werden, es zu tun. Diese Einladung ist nicht von oben herab, kein Befehl, keine Empfehlung. Es ist der Moment, in dem du siehst, wofür der andere da ist und ihm dadurch seinen Platz ermöglichst, von dem aus er dir alles geben kann, was du dir wünschst und noch viel mehr.

#anderssein #wahrheitsprechen #deinezeitkommt

ANERKENNUNG

Ich finde es so beeindruckend zu beobachten, wie sehr wir uns alle verändern. Es ist mir noch kein Mensch begegnet, der nicht enorme innere und manchmal auch äußere Schritte gemacht hat.

Und dann sagst du noch:
„Ich hab nicht genug getan."
„Ich hätte es besser machen müssen."
„Ich hätte es anders machen müssen."
Anstatt zu sehen, dass du alles gegeben hast.

Die Kraft für deine Zukunft kommt nicht aus der Verurteilung deiner Vergangenheit. Sondern aus der Anerkennung deiner Schritte.

I love you.
Amira

ANKOMMEN

Am eigenen Platz zu sein bedeutet, im Frieden zu sein.
Mit dem eigenen Weg, wie er war.
Mit dem eigenen Weg, wie er ist.
Mit dem eigenen Weg, wie er wird.

Und dem Alltag, der sich daraus schöpft.

AUFBRUCH

Es geht nicht darum, dich anzupassen.
Es geht darum, dich zu verändern.

Das Bild von dir selbst aufbrechen.
Deinen Plan vom Leben aufbrechen.
Die Liebe zu dir selbst aufbrechen.
Deine bisherige Perspektive aufbrechen.
Deine Beziehung zu Gott aufbrechen.

Der Mensch ist wie eine Blume, deren Potential in der Knospe zurück gehalten ist. Er meint zu sterben, wenn er sich ganz öffnet. Er bebt im Widerstand gegen die Naturgesetze und ringt um den Erhalt einer (Lebens-)Form, die bald – mit oder ohne sein Einverständnis – der Vergangenheit angehört.

Wir haben Angst vor einem Kontrollverlust und vergessen, dass wir noch nie die Kontrolle hatten. Ohnmacht. Sterben. Scheitern. Schatten. Der Mensch fürchtet sich.

Wenn jetzt noch ein bisschen Druck dazu kommt, dann ist das eine explosive Mischung. Vielleicht spürst du das, dass du dünnhäutiger bist, dass jeder Kompromiss in deinem Leben einen Aufschrei in deiner Seele ertönen lässt, dass du versuchst, deine dunklen Seiten zurück zu halten und doch wirst du manchmal (zumindest in deinen Gedanken) zur Furie, du „vergisst dich“, es bricht einfach durch dich hindurch.

Ist das der Himmel oder ist das die Hölle?

Es ist der Sieg über das Ego. Das Ego, das seinen Tod fürchtet, wird bis zuletzt kämpfen und sich aufbäumen. Tief in dir weißt du, dass das Ego nur der Teil in dir ist, der vergessen hat, wer er wirklich ist. Dieser Teil darf, kann und muss sterben, damit wir neu werden im Menschsein. Damit wir die Gaben nicht wie Bürden tragen, damit wir Glücklich-Sein und unsere Funktion verbindend leben.

Neu werden im Menschsein will dich aufbrechen.

Ich sehe dich, unter dem schönsten oder schäbigsten Kleid, das du dir im Menschsein angezogen hast. Ich möchte mit dir weiter hinein in das, was sich Wirklichkeit nennt. Das ist das Ziel meiner Reise, hier auf der Erde. Ich nehme dich so gerne mit.

Denn ich weiß: Wer die Wahrheit sucht, kann nicht scheitern.

#neuwerdenimmenschsein #aufbrechen #aufbruch

AUSRICHTUNG

Nutze deine Gedanken nicht, um dich in Frage zu stellen.

Nutze sie, um liebevoll über jemanden zu denken.

Sei bereit, gehört zu werden,
anstatt nur zuzuhören.

Unterstütze andere, stark zu sein,
anstatt dich klein zu machen.

Rede dir nicht schön,
was nicht schön ist.

Pack es an,
dreh es rum,
geh es an.

BEFREIUNG

„Erzähl von meinem Licht", flüstert heute Morgen ein Delfin in mich hinein.

Es ist der Delfin, der mir einmal im Meer begegnete und einen Teil von einem Fischernetz um seine Schwanzflosse trug. Als ich das im Wasser sah, blieb mir für einen Moment das Herz stehen.

Heute Morgen hat er sanft davon erzählt, dass er es als Zeichen seiner Befreiung trägt. Dass er damit daran erinnert, dass alles überwunden werden kann.

Fühlst du die Wahrheit darin? Meine Tränen heute Morgen waren voll mit diesem Licht, das davon berichtet, dass in der Geschichte unserer feinen Verletzlichkeit das Geheimnis um unsere enorme Stärke liegt. Auch in meiner.

#licht #dolphinvibes

BESTIMMUNG

Die Frage nach deiner Bestimmung ist eine Frage nach Gott in dir. Findest du dich in dieser Beziehung, ist deine Bestimmung keine im Außen gelebte Beschäftigung, sondern die in dir wach gewordene Liebe deines Lebens.

BEZIEHUNGEN

Ich glaube an Beziehungen, in denen es kompliziert ist. Ich glaube an Beziehungen, in denen alles hochkommt, was unter der Oberfläche liegt. Ich glaube an Beziehungen, in denen gestritten wird. Ich glaube an Beziehungen, in denen geweint wird. Ich glaube an Beziehungen, wo Türen knallen. Ich glaube an Beziehungen, wo die Kinder nicht aus allem rausgehalten werden können. Ich glaube an Beziehungen, in denen immer wieder die gleichen Knöpfe gedrückt werden. Ich glaube an Beziehungen, wo alle Sicherungen durchbrennen. Ich glaube an Beziehungen, wo der eine den anderen nicht mehr versteht und geht und trotzdem wiederkommt. Ich glaube an Beziehungen, in denen viel geschwiegen wird. Ich glaube an Beziehungen, in denen alles zerredet wird. Ich glaube an Beziehungen, bei denen das Umfeld sagt, es hat keinen Sinn mehr.

Ich glaube an Beziehungen.

Ich glaube, dass viele Wunder in einer einzigen Beziehung möglich sind. Ich glaube, dass wir in Beziehungen heilen. Ich glaube, dass wir Respekt und Würde in einer Beziehung wieder finden können. Ich glaube, dass wir in einer Beziehung bleiben können, auch wenn sie nicht der gesellschaftlichen Norm entspricht. Ich glaube, dass jede Beziehung in unserem Leben eine kosmische Verabredung ist. Ich glaube, dass Beziehungen uns für uns selbst öffnen. Ich glaube, dass Beziehungen mehr aushalten, als wir manchmal meinen. Ich glaube, dass Beziehungen unser Verhältnis zu Vater Gott und Mutter Erde widerspiegeln. Ich glaube, dass wir in Beziehung das meiste über uns selbst lernen.

Ich glaube an Beziehungen.

BUMERANG

All die Menschen, mit denen du in Beziehung bist, kümmern sich hingebungsvoll darum, dass dein Licht zu Tage tritt. Manchmal vergessen wir das und werfen ihnen vor, sie seien falsch, weil wir selbst das Gefühl haben, nicht richtig zu sein und diese Gefühle gerne loswerden wollen.

Mich interessiert der Moment, wenn dieser Bumerang der Projektion zurückkehrt und dich selbst trifft. Nicht, weil ich an deinem Leid interessiert bin. Sondern weil dieser authentische und ehrliche Schmerz nicht der Beginn der Dunkelheit ist, sondern die Geburt deines Lichtes.

#neuland #himmelauferden #dubistdaslichtderwelt

DANKE

Die Erde ist schön.
Sie riecht so gut.
Sie schmeckt so gut.

Danke, dass ich hier sein darf. Mit dir. Mit euch.

DEIN LACHEN

Die leichteste Art, sich mit Gott zu verbinden, ist zu lachen.

DEIN PLATZ

Es gibt einen Platz für dich. Er wartet darauf, von dir eingenommen zu werden und bleibt ohne dich leer, denn niemand kann ihn an deiner Stelle einnehmen.

Den eigenen Platz muss man weder erschaffen, noch erarbeiten. Es gibt ihn, weil es dich gibt. Es ist ein Platz, der für dich vorgesehen ist und er ist so perfekt, so vollkommen und so hinreißend wie du selbst. Weil du dich selbst weder als perfekt noch vollkommen oder hinreißend siehst, erkennst du nicht, dass dieser schönste Platz aller Plätze für niemand anderen vorgesehen ist als für dich.

Du suchst nach einem Kompromiss, nach einem „so wäre es ganz okay" oder nach einer Möglichkeit, wie du immerhin ein bisschen zufrieden sein kannst. Aber darin wirst du deinen Platz nicht finden, denn dein Platz ist dort nicht. Dein Platz ist da, wo du ganz glücklich sein kannst.

Dein Platz ist würdevoll und du bist dessen würdig. Dein Platz ist machtvoll und du selbst bist mächtig.

Du musst niemand anders werden, um deinen Platz einzunehmen. Du bist jetzt, in diesem Moment schon genau so, dass dich dein eigener Platz wie der Schoß Gottes empfängt und du darin aufgehen kannst. Und das ist, was du dann tust: Du gehst auf. Du öffnest dich, weil dir an deinem Platz so viel Liebe begegnet, dass du weich wirst und nachgibst, die oder der zu sein, der du bist.

Vielleicht ist es ein bisschen schöner, als du gehofft hast. Vielleicht ein bisschen größer, als du dich getraut hättest.

Du bist willkommen, an deinem eigenen Platz und wenn du dort bist, dann gibt es keinen Zweifel. Denn du bist zu Hause. Im Innen. Im Außen. Es ist eins.

DEIN WEG

Möge dein Tag ein glücklicher Tag werden. Nicht, weil alles nach Plan läuft, sondern weil du deinem Weg folgst.

Möge dein Tag voller Leichtigkeit sein. Nicht, weil es mühelos ist, sondern weil du deinem Weg folgst.

Möge dein Tag voller Freude sein. Nicht, weil alles schön ist, sondern weil du deinem Weg folgst.

DER DRITTE RAUM

Nach der Angst kommt die Liebe.

Die Impfung erzählt die Geschichte der Trennung neu. Sie hat schon in unzähligen Versionen stattgefunden. Und damit steht sie in einer Resonanz zu allen Geschichten in der Menschheit, in denen Trennung gelebt wurde. Sie nimmt Bezug auf die Geschichte der Bürgerkriege in den USA, der Revolutionen in Frankreich, auf die Geschichte der NS-Zeit in Deutschland, auf Glaubenskriege im Islam.

Sie bohrt wie ein Skorpion den Stachel hinein in die Wunden und der Schmerz der Vergangenheit wird in der Gegenwart gefühlt. Für viele, ohne zu wissen, wo der Ursprung ist. Der Ursprung ist dort, wo das Urteil begann. Wo das Konzept der Schuld lebendig wurde.

In jedem Land.
In jedem Menschen.
In jedem Herzen.
Zu jeder Zeit.

Sie erzählt über den Krieg zwischen dir und mir. Und dem Schmerz, einander zu verlieren, sich zu töten, blind vor Wut. Sie erzählt über die Raserei des Menschen, den Wahn und auch über die Idee, stärker zu sein als Gott. Es ist wichtig zu verstehen, dass die, die sich impfen lassen, schützen wollen. Was sich hier wandeln möchte, ist, dass dieser Schutz nicht auf Grund einer Gefahr und aus Angst motiviert entsteht, sondern aus Liebe zu sich und anderen. Es ist genauso wichtig zu verstehen, dass die, die sich nicht impfen lassen, die Freiheit durch diese Zeit tragen. Und ebenfalls darf sich wandeln, diese Freiheit nicht aus Angst vor Gefangenschaft hoch zu halten, sondern aus Liebe zu sich und anderen.

Beide „Gruppen“ haben die Aufgabe, ihre Angst zu erlösen. Sie handeln anders, aber ihre Aufgabe ist die gleiche. Die Angst verschwindet, wenn dem eigenen Täter in jedem vergeben wird. Wenn er nicht hinaus projiziert wird in die Welt, sondern im eigenen Herzen geschmolzen und umarmt ist.

Für beide „Gruppen“ ist es eine Aufgabe, jegliche „störende“ Bestimmung, die erlassen wird, in sich zu wandeln. Sie umzudeuten. Wenn es dir nicht gelingt, dann bitte um Hilfe. Es bedeutet nicht, sie schön zu reden. Sondern, sie wirklich in dir zu verwandeln.

Das kostet sehr viel Kraft und Disziplin. Und nicht immer wird genug davon da sein. Auch dann bitte um Hilfe. Wenn du Abstand hältst, dann nicht, weil es dir befohlen wird. Sondern, weil jedem Menschen Raum gebührt. Und wenn du keinen Abstand hältst, weil das auch wichtig ist, dann tue es aus ganzem Herzen.

Die Revolution findet von innen heraus statt. Allem, was GEGEN dich ist, wird die Kraft entzogen. Einfach dadurch, dass es für dich sein darf.

So ist der dritte Raum der, in dem jeder nicht mehr aus Angst, sondern aus Liebe zu sich und anderen handelt. So sehr sich die meisten wünschen, dass dieser Raum morgen schon entsteht und die anderen beiden Räume ablöst, so wird es doch mehr Zeit brauchen. Die Spaltung geht so tief, bis die Leidensgrenze erreicht ist und die Sehnsucht nach einander überwiegt.

Jeder, der seine Angst erlöst, tritt bereits ein, in den dritten Raum.
Damit das neue Motiv der Menschheit geboren werden kann:

Ich handele aus Liebe zu mir und dir. Und sorge so für uns.

DER EINE FUNKE

Weißes Licht an Neumond.

Obwohl es tiefdunkel auf der Welt zu sein scheint, ist da der eine Funke, der uns alle miteinander verbindet. Trennung ist eine Illusion. Auf welcher Ebene auch immer wir sie erschaffen. Sie bleibt eine Illusion. Es ist nur eine Frage der Zeit und manchmal auch die Frage nach dem Ende der Leidensfähigkeit, bis wir uns wieder miteinander verbinden.

Wir haben Sehnsucht nacheinander.

#sehnsuchtnachverbindung

DER INNERE SCHATZ

Die meisten Menschen haben in sich ein Gefühl für das, was sie dieser Welt mitgebracht haben und was sie hier leben möchten. Auch wenn sie es vielleicht nicht immer konkret ausdrücken können, da ist zumindest eine innere Ahnung. Was verhindert, dass wir diese eigene, ursprüngliche Vision in uns freudig ins Leben bringen?

Es ist der Gedanke: „Es ist nicht möglich, dass ich lebe, wofür ich hier bin."

Ein großes Urteil. Was für ein Hammerschlag. Auch wenn das Leben an der Oberfläche gut aussieht – mit diesem Gedanken und Gefühl darunter sind wir nicht glücklich. Denn wir wissen, dass sich etwas erfüllen soll, was sich noch nicht erfüllt hat. Manchmal haben wir die Erfahrung gemacht, dass die Welt nicht offen oder bereit für uns zu sein scheint und dadurch ist eine tiefe Enttäuschung entstanden. Ein echter Schmerz in der Seele.

Denn: Wenn ich mein wichtigstes Geschenk nicht geben kann, nicht leben kann – was soll ich dann hier?

Ich durfte lange in meiner Grundschwingung leben, in der Wunder, Licht und Leichtigkeit sich wie ein goldener Segen miteinander verweben. Aber ich habe auch die Erfahrung gemacht, dass das nicht immer gewollt ist und es dann eine Weile für mich behalten. Ich habe diesen Segen in mich hinein genommen. Dort habe ich ihn gehütet. Wie einen Schatz. In der Welt habe ich mich fremd gefühlt, weil ich dachte, sie will mich nicht. Oder zumindest nicht so, wie ich bin.

Ich dachte, ich sei falsch, versuchte mich zu verändern. Aber es hat nicht geklappt. Ich bin die geblieben, die ich bin.

Hütest du auch einen Schatz in dir? Das Wunder ist, dass dieser Schatz von dir geschützt durch die Zeit getragen wurde, so dass er ganz unversehrt ist. Er ist heil. Und du hast mit ihm immer noch den selben Auftrag. Du hast nichts verpasst. Deine Zeit kommt jetzt.

Das ist vielleicht einer der wichtigsten Punkte überhaupt. Denn es könnte dein Leben verändern, wenn du beginnst, an das zu glauben, was du wirklich willst. Es führt dich zu neuen Schritten und die neuen Schritte ebnen einen neuen Weg: Deinen.

Jeder Mensch, der über den Punkt hinaus geht, wo er geglaubt hat, sich zu leben sei nicht möglich, ist ein Hoffnungsträger. Wir gehen niemals für uns alleine. Es folgen immer andere in unseren Spuren. Manchen davon werden wir nie begegnen, andere werden vielleicht zu Weggefährten. Wieder andere werden uns konfrontieren und herausfordern, damit wir in uns stark werden.

Und jetzt dreht sich die Frage „ist die Welt bereit für mich?“ um und wird zu …

… bist du bereit für die Welt?

Mit Liebe,
Amira

DER SCHÖNSTE ORT

Die Erde ist einer der schönsten Orte im Himmel.

DER TRAUM

Ich habe die ganze Nacht von dem einen großen Frieden geträumt. Ein Traum voller Wirklichkeit. Ich möchte dir heute genau das und nichts anderes wünschen:

Frieden.

Er ist in uns. Um uns. Zwischen uns.

Er ist das Beste und Wertvollste, das ich kenne.

Möge Frieden sein.

DIE GOLDENE KATZE

Zwischen dir und deiner Fülle steht ein Bild von dir selbst. Das Bild ist dunkel und erzählt darüber, dass du schon gerne viel hättest, es dir aber nicht nehmen kannst, weil du dich nicht traust und es vielleicht … vielleicht auch nicht wert bist. Aber diesen Gedanken erlaubst du nicht, weil er schmerzhaft ist und obwohl du dir nichts nimmst, fühlst du dich gierig.

Gierig darf man als guter Mensch nicht sein, also tust du als nächstes vielleicht etwas für jemanden, um es auszugleichen oder dir selbst zu zeigen, dass du lieber gibst als nimmst. Es tut mir so leid, das zu sagen, aber das ist eine Lüge. Du gibst nicht wirklich, du fragst den anderen, ob er dir helfen kann, dein schlechtes Gefühl zu dir selbst wieder aufzuheben.

Wenn du jemandem ein Geschenk bringst und hoffst, dass er oder sie dich dann liebt oder wenigstens mag, dann überbringst du kein Geschenk, sondern einen Mangel an Selbstliebe.

Wenn du Menschen lehrst, damit sie dir sagen, dass du viel weißt, dann überbringst du ihnen kein Wissen, sondern einen Mangel an Weisheit.

Gaben sind für die Empfangenden Bürden, wenn sie etwas zurückgeben sollen, was der andere gerne hätte und sich selbst nicht geben konnte.

Jeder Mangel in dir kann behoben werden, aber kein Mangel wird durch einen anderen behoben als dich selbst.

Es ist unangenehm darüber zu sprechen und dir vielleicht auch unangenehm zu spüren, dass etwas davon stimmt, was ich schreibe. Weißt du, ich kenne niemanden, der nicht dunkle Bilder von sich in sich hat. Ich kenne keinen Menschen, der „nur gut“ und komplett durchtransfomiert ist. Falls du es bist: Be my teacher.

#deinwegindiefülle #diegoldenekatze

DIE GROSSE BÜHNE

Wenn dein Weg frei ist für dich selbst und die Spots auf deiner Bühne leuchten schon – betrittst du sie dann? Gehst du dann wirklich und stellst dich ins Licht?

Für den Weg auf deine Bühne gibt es keine To-Do-Liste mehr und vielleicht wünscht du dir, es gäbe eine, denn du weißt so viel besser wie das mit den To-Do-Listen geht, als deine große Bühne zu betreten.

An der Stelle zählt nicht die Disziplin, die du all die Jahre gebraucht hast, um dich an diesen Punkt zu bringen. An dieser Stelle zählt die Disziplin, in deiner Gewissheit zu bleiben, dass du gut bist – nicht weil du „gut“ bist, sondern weil du wahr bist.

Es gibt nichts zu beweisen, zu spielen, zu zeigen und auch überhaupt nichts aufzuführen auf dieser Bühne. Darum geht es nicht. Es geht auch nicht um den Applaus, die Kritik oder die Zugabe.

Es geht um das, was dich im Herzen erbeben lässt. Es geht um das, was die Menschen im Herzen erbeben lässt. Um das geht es. Du kannst still sein auf der Bühne und kein einziges Wort sagen, keinen Tanz tanzen und die Augen geschlossen halten.

Dein Herz bebt, wo es eins wird mit dem, warum du hier bist. Wo du eins wirst, beben die Herzen.

Deine Bühne ist überall.

#yourpowerisnow

DIE GROSSE WAHRHEIT

Es gibt viele Wahrheiten, jeder und jede von uns lebt eine. Und es gibt die eine, die große Wahrheit, in der dein Licht und mein Licht sich erinnern, dass sie aus der gleichen Quelle kommen.

#friedenfinden #liebe

DIE GRÖSSTE LIEBE

Dein Platz ist immer dort, wo deine Liebe am größten ist. Dort, wo deine Demut vor dem Leben ihren Höhepunkt erreicht. Er ist dort, wo dein Ego schmelzen muss. Wo deine Pläne und Vorstellungen dem göttlichen Plan weichen. Dort, wo die Welle des Lebens dich bricht und du aufhörst, dagegen zu gehen.

Er ist da, wo du vielleicht denkst, dass du nicht hingehörst und dein Herz still weiß, dass du dafür gemacht bist. Dort, wo du Schöpfer:in des Lebens, aber ein:e Diener:in Gottes bleibst. Er ist dort, wo es nicht mehr um dich persönlich geht – wo du deine Angst zum Tor formst, durch das du in einen neuen Horizont gehst.

Dein Platz passt nur dir. Niemand sonst kann ihn haben. Auch wenn es sich manchmal so anfühlen kann, als müsstest du ihn freihalten oder dir erkämpfen, dein Platz bleibt dein Platz.

Dein Platz ist nichts, wohin du aufbrechen kannst, er ist kein Ziel, dass es zu erreichen gilt. Dein Platz ist immer dort, wo du jetzt gerade bist. Er geht von dir aus in Ausdehnung.

Lass dich nicht vernebeln. Stärke deine Mitte. Lass dich nicht davon ablenken, den Ort in dir zu nähren, wo deine Liebe am größten ist. Sei unbeirrbar darin, aber lass dich korrigieren. In jeder Korrektur liegt ein Wunder. Es kann sich leichter entfalten, wenn wir offen für das sind, was wir uns nicht für uns vorstellen können. Was das beste FÜR ALLE ist. Denn unser Platz dient immer allen maximal.

#yourinnerplaceofpower #ankommenameigenenplatz

DIREKT

Manches kannst du nicht mit deinem Freund besprechen. Nicht mit deinem Bruder oder deiner Schwester. Nicht mit deiner Mutter. Nicht mit deinem Vater. Nicht mit deinem Coach. Nicht mit deinem Lehrer.

Manches musst du direkt mit Gott besprechen.

#sacredspace #yourinnerplaceofpower

DU DARFST DAS

Neue Träume von einem anderen Leben finden in den Menschen ein Zuhause. Es sind gute Träume, Geschenke von den Sternen.

Unterstütze andere Menschen darin, die Mühlen und Mühen in ihrem Leben zu verlassen, die Glashäuser zu sprengen, die nie hielten, was sie versprachen. Vielleicht reicht ein:

„Du darfst das."

Sag es deinen Eltern. Sag es deinen Kindern. Sag es jedem.

Du bist dazu berechtigt, alles in Frage zu stellen, was dich nicht glücklich macht. Du bist dazu berechtigt, das zu verlassen, was dich auch in Zukunft nicht glücklich machen wird. Es ist dein Geburtsrecht und es handelt sich lediglich um ein Missverständnis, wenn wir in nahezu kollektivem Ausmaß erleben, dass dem nicht so sei. Aber nicht die Mehrheit hat recht. Sondern die Wahrheit.

#change #neuland

DU UND GOTT

Für die Beziehung zwischen dir und Gott kann niemand die Verantwortung übernehmen. Es gibt Menschen, die Räume öffnen, in denen du diese Beziehung pflegen, aufräumen und zelebrieren kannst. Wo wir einander bezeugen, im Einssein und Einswerden, im Verschmelzen.

Aber zwischen dich und Gott gehört niemand. Guck doch mal, ob da gerade jemand ist und wenn ja, dann zeig ihm kurz die Tür.

Es ist dein heiligster Raum, bei dem die sagenhafte Dualität der Erde von umfassender Einheit des Himmels umarmt wird.

Er gehört dir.

EHRLICHKEIT

Ich erkenne im Augenblick, dass ich an manchen Stellen in meinem Leben versäumt habe, „gnadenlos“ ehrlich und klar zu sein. Vielleicht, um nicht zu viel zu konfrontieren und zu provozieren. Aber damit habe ich auch verpasst, echte Veränderung zu initiieren.

Ich dachte, Rücksicht sei gut. Jetzt sehe ich, sie ist die Gefahr. Die Lüge. Die Illusion. Der Irrtum.

Und zwar dann, wenn die RÜCKsicht zu keinem FORTschritt mehr führt. Das klingt hart und das ist auch hart. Ehrlichkeit steht auf dem Programm. Gnadenlose Ehrlichkeit. Sie tut gut. Unendlich gut. Sie führt geradewegs in einen ekstatischen Zustand. Denn alles fällt ab und zerbricht, was nicht echt ist. Und dann kommt das Feuer.

Ein Feuer, das sich nicht bändigen lässt.

Es erzählt …

… von der Bereitschaft, bis zum äußersten Schritt zu gehen.
… von dem Sieg über das Ego.
… von kristallklarer Wahrheit, die sich nicht brechen lässt.
… von der Auferstehung der eigenen Kräfte und Mächte.

Lass es krachen, wenn es ansteht. Ich mag das Geräusch, das Gefühl, die Stimmung, wenn Scheinheiligkeit entlarvt wird, Denkgerüste in sich zusammenfallen, Dinge nutzlos werden, Diskussionen überflüssig sind …

Auch das ist Himmel auf Erden. Auch wenn es manchmal zuerst weh tut.

EINE KRAFT

Wenn sich da eine Kraft durch dich den Weg bahnt und du noch nicht weißt, was das ist und wohin dich das führt und du nur spürst, dass es etwas mit dir zu tun hat und es dich bewegt und du zitterst, weil es dich ruft und du willst und du sehnst dich, sehnst dich danach und du lässt alles stehen und liegen, weil du fliegen willst und weiter und weiter und das Herz an und der Kopf aus und dann reißt du einfach aus und machst dich auf den Weg und dann ist es auch egal, denn da ist die Kraft und du brennst.

Dann ist alles gut. Das ist das Leben.

EINS SEIN

„Meine Kraftquelle ist der Tiefpunkt. Nicht der Höhepunkt."

Diese Worte sagte eine wunderbare Frau und ich hatte das Gefühl, sie sagte es nicht nur für sich, sondern für alle Menschen, die sich nach den Höhepunkten sehnen, aber ihre eigentliche Kraft in der Tiefe entwickeln, in der sie sich gerade befinden.

In der Tiefe sagen viele: „Da bin ich ganz nah bei Gott." Ich würde sagen: „Dann geh weiter. Nah bei Gott zu sein ist schön. Aber was, wenn aus ‚nah sein' für dich ‚eins sein' werden will?"

#yourinnerplaceofpower #derletzteschritt

ERLAUBNIS

Ein Tag voller Heilungsarbeit liegt hinter mir. Danke Gott, dass du mich heute immer und immer wieder dahin führst, genau dem Anteil in den Menschen Gehör zu schenken, der sie nervt, der unbequem ist und sie traurig macht. Der Anteil, der so viel anzweifelt. Und ja:

Zweifel. Du kennst sie. Ich kenne sie.

Oft meinen wir, dass wir diese zweifelnde Stimme in uns besiegen müssen. Ich erfahre oft, dass es um das Gegenteil geht: Ihr einmal wirklich bewusst, offen und präsent zuzuhören.

Es gibt einen Frieden in uns.

Der Kampf gegen uns selbst endet nicht, weil eine Stimme aufgeben und sich zurückziehen muss, sondern weil wir ihr Geschenk in uns erlauben.

#menschsein

ERSTE REIHE

Es ist Zeit, aus der zweiten Reihe in die erste Reihe zu treten.

PS: Alle gehören in die erste Reihe. Denn es ist die Reihe der Liebenden. Der Friedensbringer:innen. Der Leuchtsterne. Der Hoffnungsträger:innen. Der Wegweisenden. Der Wissenden. Der Verbindenden. Der Glücksbringer:innen. Der Erwachenden. Der Weisen. Der Sehenden. Der Vergebenden. Der …

Ohne dich bleibt dein Platz leer.

Traust du dich, trau ich mich.
Trau ich mich, traust du dich.

Reichst du mir deine Hand, reiche ich dir meine.
Schenke ich dir mein Herz, schenkst du mir deines.

Der eine Schritt nach vorne ist ein ganzer Weg. Er beginnt damit, deine Aufgaben loszulassen und frei zu werden.

#weareone #togetherness #neuland

EWIG

Eine Wunde ist ein Ort, über den das Licht eindringt.
Rumi

Frieden ist nicht da, wo wir endlich alles richtig machen.
Frieden ist nicht da, wo du es endlich schaffst zu sein, wer du bist.
Frieden ist nicht da, wo du endlich Erwartungen und Ansprüchen gerecht wirst.
Frieden ist nicht endlich.

Frieden ist ewig.
Frieden ist jetzt.
Frieden ist.
Frieden.

#heilung #menschsein #frieden

FALSCH SEIN

Manchmal finden Menschen zu mir, die glauben, dass sie falsch sind. Es gibt in der Tiefe ihrer Seele eine Erfahrung, bei der sie so existentiell in Frage gestellt wurden, dass alles Selbstvertrauen hinweg ist. Es sind Menschen, die meistens zuerst den Fehler bei sich suchen und den Gedanken „ich darf nichts falsch machen“ quasi als Dauerschleife in sich laufen haben. Oft sind das Menschen, die sehr sensibel sind. Denen jede Unstimmigkeit in einer Beziehung wie ein kleines Sandkorn im Herzen reibt. Menschen, die sich lieber zurückziehen und unsichtbar werden, als nochmal die Erfahrung zu machen, dass die eigene Wahrheit von der Welt abgelehnt wird.

Es sind Menschen, die sich lange zurückgehalten haben, jahrelang. Ein Leben lang vielleicht. Weil sie dachten, da müsse erst noch was an ihnen repariert werden.

Mich berühren diese Menschen vor allem deshalb, weil sie so bescheiden sind. Sie haben Gold in sich und gehen damit nicht prahlen. Sie haben, was die Welt braucht und drücken es ihr trotzdem nicht auf. Sie sind zäh, auch wenn es erstmal nicht so scheint. Sie bleiben. Manches auf der Welt wird vergehen und dann werden sie immer noch da sein.

Das ist ein Glück.

#demut #selbstliebe

FEHLER

Wasche dich nicht von den Fehlern rein, sondern von der Angst, welche zu machen.

Wir denken, wir sind vollkommen, wenn wir keine Fehler machen. Das ist ein Missverständnis. Du scheiterst nicht an deinen Fehlern, sondern an deinem Anspruch, keine zu machen. Vollkommenheit im Mensch-Sein erfahren wir nicht, wenn wir fehlerfrei durchs Leben gehen, sondern wenn wir uns ganz selbst erkannt haben.

Wir leben in einer verrückten Welt, in der wir dazu angehalten werden, fehlerfrei zu sein. Sie werden rot angestrichen. Wir werden über sie bewertet.

Deine Vollkommenheit hat mit deinen Fehlern nichts zu tun. Das wäre Wahnsinn. Und die Welt ist wahnsinnig, daher nutzt sie wahnsinnige Prinzipien und erklärt sie für wahr. Steig aus.

Wenn du versuchst, Fehler zu vermeiden, dann versuchst du, das Leben zu vermeiden.

Einen Fehler zu machen bedeutet lernen. Lernen ist richtig. Du bist richtig, wenn du Fehler machst. Du darfst noch viel, viel, viel mehr Fehler machen.

Einen Fehler machst du nur auf der Ebene der Zeit. Deine Vollkommenheit ist in der Ewigkeit begründet. Deine Vollkommenheit ist so sicher wie nichts anderes. Du kannst auch überhaupt nichts dagegen tun, dass du vollkommen bist. Du bist einfach so erschaffen.

Wir machen alle die ganze Zeit Fehler und sprechen nicht darüber.

Ich mache jeden Tag Fehler. Ich bin vollkommen, aber nicht perfekt. Es tut uns Menschen gut, das einzugestehen. Dann sind wir lernfähig, ohne dass wir uns dabei schlecht fühlen. Denn wer sich schlecht fühlt, lernt nicht gut.

Lerne Fehler zu machen und dabei dein Glücklich-Sein nicht zu verlieren.

FREI SEIN

Lass uns frei sein.
Raus aus dem, was nicht geht –
rein in das, was möglich ist.
Die Nase in den Wind halten
und die Fesseln sprengen.
Die Welt aus den Angeln heben
und springen.
Fliegen musst du nicht in der Welt,
sondern in dir.
Da ist der Himmel.

#neuland

FREIHEIT

Die schönste Freiheit ist die Freiheit von Angst.

FÜHRUNG

Wir heben die Welt federleicht und mit ungeheurer Kraft aus den Angeln, indem wir unserer inneren Führung lauschen und ihr folgen. Wenn du in dich hinein hörst und den Ort in dir erreichst, „wo es zu dir spricht", dann hörst du dort etwas anderes, als das, was die Welt oder dein Kopf dir diktiert.

Deine Führung sagt nie: „Kämpfe heute. Um das, was du hast und um das, was du noch nicht hast."

Sie sagt vielleicht: „Liebe. Aber zuallererst lasse dich von mir lieben. Damit du voll und satt von dem bist, was dich selbst glücklich macht, so dass es überfließen kann."

Deine innere Führung sagt nie: „Was du gestern getan hast war nicht genug, mach heute mehr. Du bist nicht weit genug gekommen, also streng dich mehr an."

Sondern du hörst hier vielleicht: „Du bist versorgt. Vermehre deine Freude, das ist der beste Garant dafür, dass es so bleibt."

Du bist ein Beitrag für die neue Welt. Allein dadurch, dass du dein Denken, Handeln und Sein aus einer anderen Quelle schöpfst, als aus der, aus der die Welt gemacht ist.

Hörst du deine innere Stimme, deine Führung? Was brauchst du, um hier eine sichere, intime, schöne, nahe, innige Verbindung zu spüren?

#himmelverkörpern #innereführung

FÜLLE

Weißt du, was einer meiner besten Wunder-Tricks ist?

Ich will nicht das, was ich nicht haben kann. Sondern das, was für mich gedacht ist. Habe ich es, liebe ich es. Dadurch entsteht mehr Wert. So habe ich nie das Gefühl, zu wenig zu haben.

Es ist eine gute Zeit, um von überhöhten Wünschen abzulassen. Denn sie versperren den Weg für das, was dich erreichen möchte. Bescheidenheit tut gut, denn sie entlastet von dem Gewicht der Schuld, das entsteht, wenn wir außerhalb unserer Möglichkeiten denken und agieren.

Du darfst zu dir zurückkehren. Du bist und hast genug, was noch nicht ausgeschöpft ist. Lass ab von den Vergleichen und dem Glitzer, der in der Ferne zu blinken scheint. Er macht dich traurig, verblendet dich und treibt dich von dir weg. Deine Wunder und deine Möglichkeiten sind näher bei dir. Schweife nicht mehr ab. Dein Leben liegt ausgebreitet vor dir und du kannst heute, morgen, übermorgen und überübermorgen Wunder darin willkommen heißen, die lediglich bezeugen, dass du alles, was nicht zu dir gehört, ablehnst und alles, was zu dir gehört, annimmst.

Wir haben einen freien Willen. Das ist Fluch und Gnade zugleich. Denn du kannst wollen, was getrennt von dir ist und dadurch leiden oder das wollen, was Gott für dich will und daher schon mit dir verbunden ist.

Daraus besteht deine Freiheit. Diese Wahl zu treffen, wofür du deinen Willen einsetzt.

Wer letztlich am längeren Hebel sitzt, ist eh klar.

I love you. Every single day.

#einssein #wunder #demut #fülle

GEBET

Es ist oft still, wenn Himmel und Erde sich in mir berühren. Als würde der feine Nebel des Himmels den Lärm der Welt verschlucken. Was bleibt, ist der Klang meines Gebets.

Ich glaube, dass viele verlernt haben zu beten, weil in der Kirche oder anderorts etwas daraus gemacht wurde, was den Menschen entmächtigt hat. Zu beten wirft tatsächlich auch die Frage auf, wie du überhaupt Gott begegnest.

Es würde keinen Sinn ergeben, dich klein zu machen, denn er hat dich groß geschaffen. Es würde auch keinen Sinn ergeben, Gott darüber zu informieren, was hier alles schiefläuft und wo er also einen Fehler gemacht hat, denn er hat sich nicht abgewendet.

Ich glaube, in einem Gebet kannst du dich erheben und hingeben zugleich. Ein Gebet braucht keinen heiligen Platz mit Kerze. Es fängt da an, wo auch immer du gerade bist und wo du ehrlich bist. Wo du spürst, dass du ringst und dich sehnst, wo du kraftvoll wirst, weil du dich erfassen lässt und wo du liebst. Zu beten kann dich an einen inneren Platz bringen, an dem dir bewusst wird, wie groß deine Macht ist, weil deine Hingabe mit Gottes Führung verschmilzt.

Ich glaube, dass in jedem Menschen ein eigenes Gebet wohnt. Sobald der Anfang gefunden ist, klingt und schwingt es in unser Leben hinein.

Finde dein Gebet. Lass dich nicht davon abhalten, was du von Gebeten weißt oder bis jetzt erfahren hast. Dein Gebet ist dein Segen für dich selbst und die Welt.

GEDULD

Eine Zeit des Häutens und des tiefer in sich hinein Gehens.

Die schillernden Ergebnisse und die Früchte, die wir uns davon versprechen, lassen auf sich warten. Es ist noch nicht soweit. Es kommt mir vor, als müsste es so sein, dass sich vieles im Leben gerade noch roh und unfertig zeigt. Es würde sonst doch wieder wie das Alte werden, das wir gerade ablegen wollten. Also lassen wir uns besser Zeit mit dem Leben, anstatt durch es hindurch zu eilen.

Mehr Geduld, weniger Fleiß, mehr Liebe.

GENUG

Du bist genug.

#demut #duingott #gottindir #liebe

GESCHENK

Du musst niemand werden.
Es reicht, dass du du bist.

Das ist schon mehr als genug.
Das ist schon das Geschenk.

GESEHEN SEIN

Wir wollen gesehen werden – von Kindesbeinen an.

Als Menschen haben wir ein Grund-Bedürfnis nach Gesehen-Sein und meist liegt darin auch ein großer Schmerz. Denn nicht gesehen und erkannt zu werden führt oft dazu, dass Menschen das Gefühl haben, keine Bedeutung für die Welt zu haben. Den eigenen Teil zum großen Ganzen nicht beitragen zu können. Als Mensch nicht wichtig zu sein.

Auch mit unserem Wirken, vielleicht auch in unserer Selbstständigkeit, wollen wir gesehen werden. Manchmal dürfen wir hier erst einmal lernen, uns selbst zu sehen. Das heißt oft, einen Heilungsweg für sich selbst zu gehen und dabei dennoch für andere da zu sein.

Von wem möchtest du gesehen werden?

Das Gesehen-werden-wollen macht auch Druck und Stress. Oft haben wir das Gefühl, wir müssen etwas dafür tun, um gesehen zu werden. Müssen uns irgendwie hervortun, abheben und uns anstrengen. Besonders sein. All das kenne ich auch.

Ich glaube, nichts auf dieser Welt und keine noch so schöne Bestätigung des „Gesehen-Werdens“ kann uns schlussendlich wirklich das Gefühl geben, wertvoll zu sein. Es ist etwas anderes. Und dieses Andere passiert auf einer ganz tiefen, seelischen Ebene in uns. Es ist das Gefühl: Ich bin von Gott gesehen. Und: Ich bin gemeint.

Hiernach lasst uns streben. Denn hierdurch erfüllt sich etwas, wofür wir nichts erbringen müssen.

Jeder Mensch ist von einem Licht beschienen und der Weg eines jeden Menschen ist gesegnet. Wir erfahren dies nicht, indem wir aus einem Mangel heraus nach mehr Sichtbarkeit streben. Wir erfahren es, indem wir uns im Innen nicht mehr vor Gott verstecken.

Denn hier findet der Augenblick statt, wo er dich schon längst sieht und du es realisierst.

Von Herzen,
Amira

GESETZE

Jedes Gesetz, dem du dich unterstellst, ist durch dich wirksam.

Unterstellst du dich den Gesetzen des Egos, entsteht Leid und Trennung. Unterstellst du dich den Gesetzen der Wahrheit, wirkst du Wunder. Das geht viel leichter. Das Schwerste dabei ist vielleicht, das „unmöglich" loszulassen.

#wunderwirken #wahrheit

GESUNDE ANTWORTEN

Ich bin eine Rebellin, aber ich gehe nicht gerne „auf die Straße".
Ich bin eine Kriegerin, aber ich bin nicht gerne „dagegen".
Ich bin eine Pionierin, aber sage nicht gerne „wo es lang geht".
Ich bin daran interessiert, eine gesunde Antwort ZU SEIN.

So frage ich mich in dieser Zeit immer wieder:

Was ist eine GESUNDE ANTWORT auf Ausgrenzung?
Was ist eine GESUNDE ANTWORT auf Verurteilung?
Was ist eine GESUNDE ANTWORT auf Zwang?
Was ist eine GESUNDE ANTWORT auf Krankheit?

Denn wenn ich auf Ausgrenzung mit Rechtfertigung antworte, dann bin ich schon gefangen. Wenn ich auf Verurteilung mit Angriff antworte, dann bin ich schon geschlagen. Wenn ich auf Zwang mit Druck antworte, dann bin ich schon in der Enge. Wenn ich auf Krankheit mit Angst antworte, dann bin ich schon geschwächt.

Was sind die gesunden Antworten? Wie finden wir sie? Wie verkörpern wir sie? In jedem von uns ist ein Friedensweg ANGELEGT.

Ich habe solche Sehnsucht.

Sehnsucht nach Frieden unter den Menschen. Ich wünsche mir mit dir GESUNDE ANTWORTEN zu geben. Als Rebellin, Kriegerin und Pionierin.

#sacredhuman #friedenswege #gesundeantworten #sacredearth #heilung #akashachronik #beziehungskaleidoskop

GLEICHGEWICHT

Um ein System wieder in Balance zu bringen, muss man aufhören, die Disbalancen zu kompensieren. Kompensation führt dazu, dass sich das Ungleichgewicht in den unsichtbaren, oft seelischen Raum verlagert, wo es noch schwerer wird, es gesund aufzulösen.

Kompensation ist ein Mittel, um schnell Harmonie herstellen zu können. Aber es ist keine Harmonie, die von einem wirklichen „im Einklang sein" erzählt.

Es fällt mir, wie vielleicht auch dir, im ersten Moment nicht leicht, in eine empfundene Unstimmigkeit nicht einzugreifen. Millionen kleine Muster greifen da ineinander und manchmal muss man sich dann selbst mit beiden Händen festhalten.

Heilung geschieht nicht durch Kompensation. Alles, was wir ausgleichen, wird schräg in uns selbst. Heilung kann oft gerade dann geschehen, wenn wir anstatt auszugleichen oder aufzufangen oder auszuhalten, geschehen lassen, dass etwas erst einmal ganz kippt, damit es vom Kern an gesund werden kann.

Antworte auf Ungleichgewicht mit deinem eigenen Gleichgewicht anstatt mit Ausgleich.

#heilung #gleichgewicht

GOLD

Innerer Frieden ist das neue Gold.
Es ist sinnlos, nach einem anderen Reichtum zu streben.

#neuland #wandel #reichtum

GOLDENER FADEN

Was sind die zentralen Fragen, um die sich dein Leben dreht? Was musst du für dich erfahren und erforscht haben, damit du am Ende sagen kannst: „Diese Reise hat sich gelohnt"?

Dich deiner großen Lebensfragen zu erinnern, ist ein Schatz von unermesslichem Wert.

Es ist dein goldener Faden im Leben. Gib diese Fragen an niemanden ab. Du bist für sie zuständig. Es ist dein Heiligtum. Wenn du sie ganz zu dir und in deine Verantwortung nimmst, dann ist das, als würdest du deinen eigenen Weg segnen und für dich öffnen.

#deinversprechen

GROSSE AUFGABEN

Veränderung steht an. Neubeginn in der Tiefe.
So viel ist bereit, gegeben zu werden.
„Halte nichts fest“ sagt der Himmel, „lass dich ein“ flüstert die Erde.

„Ja“ fühle ich und lächele.

Es hat Zeit, denn die Zeit der Eile ist längst vorbei.

#sternenstaub #bereitfürgroßeaufgaben #hingabeanmeinleben

KÖRPER

Wenn deine Intuition nicht mit dem Körper verbunden ist, dann fehlt dir die Kraft zur Manifestation. Du erkennst. Aber du kannst nicht nach dieser Erkenntnis handeln. Denn Handlung ist Körper. Körper ist Erde. Erde ist Manifestation.

Sich von seinem Körper zu entfremden bedeutet auch, sich von dem Wunder zu verabschieden, dass intuitive Wahrnehmung im ganzen Körper stattfindet und sich natürlicherweise bis in die Handlungen hinein fortsetzt.

Tiere haben dieses Problem übrigens nicht. Auf mancher Ebene gilt es für den Menschen daher zu lernen, richtig Tier zu sein, bevor er richtig Mensch sein kann.

So würde er zum Beispiel nicht mehr essen, als er wirklich braucht. Den ganzen Körper in seine Bewegungen miteinbeziehen. Zeiten für Regeneration und Zeiten für Aktion in Balance halten. Genug schlafen. Genug trinken.

Wenn über dir eine Wolke voll mit deinen Erkenntnissen und Fragen hängt und dir bald Kopfschmerzen macht – dann such das Tier in dir.

Lern es kennen. Schlüpf hinein. Lass dich mitreißen.
Pur. Rau. Roh. Wild. Klug. Oder wie auch immer dein Tier ist.

Was tut es?
Dann tu es.

#freeyourself

KREIS

Spürst du die Kraft aus der Tiefe in dir anrollen, diesen Wandel mitzugestalten, oder hast du Sorge, was alles auf dich zukommt, auch Angst vor der Ungewissheit und dem Richtungswechsel?

Stehst du sicher in dir oder wackelst du und kannst schwer aushalten, dass sich alles immer schneller verändert?

Wir haben zwei Hände. Und manchmal ist es gut, mit der einen zu nehmen, was du gerade brauchst und mit der anderen zu geben, was du schon hast.

So entsteht Verbindung.
So entsteht ein Kreis.
So wachsen wir zusammen.

#neuland #derwandelistjetzt #deinenplatzeinnehmen

LÄCHELN

Wenn ich still bin und auf das horche, was gerade passiert, dann fühlt es sich so an, als würde viel in der Welt und in den Menschen einstürzen. Deswegen gibt es in Wirklichkeit keine Gefahr, aber dennoch eine erlebte Krise. Wenn Illusionen einstürzen, dann macht das dem Ego Angst, denn das Ego baut auf Illusionen und erfährt eine existentielle Bedrohung, die sich ganz real anfühlt.

In mir lächelt dabei etwas. Denn was die Menschen jetzt brauchen ist Liebe. Ich habe viel davon in mir. Du auch. Wir alle. Angst ist nur die Abwesenheit von Liebe. Dunkelheit ist nur die Abwesenheit von Licht.

LEBENSLEISTUNG

Überall, wo ich glaube, dass das Leben gegen mich ist, muss ich Kraft aufwenden. Überall, wo ich weiß, dass Leben für mich ist, werde ich mit Kraft versorgt.

Was so leicht klingt, ist die Meisterleistung des Lebens.

#vertrauenslicht #göttlicherplan #loslassen #seelenwege

LEBENSWERK

Wenn wir das eine kleine feine Sandkorn – die Essenz unserer Aufgabe hier auf der Erde – in die Mitte unseres Lebensmandalas setzen, sortiert sich alles und nimmt Fahrt auf.

Wie so oft in letzter Zeit scheint es mir, als wäre der Weg bis hierhin für viele nur die Vorbereitung gewesen. Ich wünsche dir, dass du dieses eine feine kleine Sandkorn bergen kannst. In diesem Sandkorn treffen sich menschliche Motivation und göttlicher Plan. Ich liebe diese Schnittstelle. So winzig dieses Sandkorn auch ist, so ist es dennoch der Kern eines ganzen Universums.

Was ist dein Sandkorn?

LEICHTIGKEIT

Leichtigkeit ist nicht das Ergebnis von einfachen (Lebens-)Umständen, die ich bestens kontrollieren kann, sondern die Wolke, auf der ich segele, nachdem mich das Leben in meine volle Kraft gezwungen hat.

#yourinnerplaceofpower

LEICHT SEIN

Mir ist kein Weg zu weit, wenn es meiner ist.
Mir ist keine Aufgabe zu schwer, wenn es meine ist.

Leichtigkeit ergibt sich nicht daraus, es leicht zu haben oder gut oder einfach oder unkompliziert oder schön oder bequem oder sicher. Das wird uns so oft verkauft. Aber es stimmt nicht.

Leichtigkeit ergibt sich daraus, die eigene (Lebens-)Aufgabe angenommen zu haben. Sie ergibt sich daraus, sich einig mit Gott darüber zu sein, wer man ist und was man hier zu tun hat.

Ich mache es mir leicht, indem ich durch mein Feuer gehe und nicht nach deinem trachte.

Ich mache es mir leicht, weil ich bereit bin, Fehler zu machen.
Ich mache es mir leicht, weil ich bereit bin zu fallen.
Ich mache es mir leicht, weil ich nicht von allen gemocht werden muss.

Leichtigkeit ergibt sich nicht daraus, es leicht zu haben. Also vergiss die Sache mit der Leichtigkeit und pack das in deinem Leben an, was du als fast nicht zu bewältigen ansiehst, was aber genau deine Aufgabe ist. DAS bringt dich in Höchstform.

Mit weitem Herzen
Amira

#neuwerden #starkwerden #menschwerden

LICHT UND SCHATTEN

Siehst du mich oft leuchten – dann wisse, ich habe meine verzweifelten Momente.

Siehst du mich oft glücklich – dann wisse, ich kenne das Ringen mit den eigenen Aufgaben.

Siehst du mich oft erfolgreich – dann wisse, ich kenne existentielle Angst.

Siehst du mich oft federleicht – dann wisse, ich kenne die Schwere im Leben.

Siehst du mich oft Dinge zum Gelingen bringen – dann wisse, ich kenne „nichts geht mehr".

Sieh näher hin. Nicht nur bei mir. Sondern auch bei allen anderen Menschen. Was siehst du, was man nicht auf den ersten Blick sieht? Was spürst du, was der andere nicht immer offen sagt? Was weißt du, obwohl du es nicht wissen kannst?

Schau hinter die Kulissen. Glaube nicht alles. Und erzähle dir nicht, dass andere besser wären als du. Du gibst dein Bestes. Egal ob das ein Tanz mit der Schattenwelt oder ein Tanz im Licht ist.

Du bist geliebt. So oder so.

#himmelauferden #schattenundlicht

LIEBE DICH FREI

Wenn du dir vergibst, wo du versagt hast, steht dir die Energie, die dir gefehlt hat, als du es nicht geschafft hast, in der Gegenwart zur Verfügung.

#seelenwege #liebedichfrei

LIEBE SEHEN

Die Liebe im anderen zu sehen ist in dieser Zeit eine der wichtigsten Aufgaben, die wir miteinander teilen.

LIEBE UND MACHT

Die Liebe und die Macht werden in der Welt getrennt gedacht. Der Ursprung dieser Trennung liegt weit zurück und führt uns in andere Zeiten. Manche von uns erinnern sich noch, andere haben vergessen. Wir erleben seitdem, dass die, die Macht besitzen, sie nicht in den Dienst der Liebe stellen und dass die, die Liebe leben, sich keine Macht mehr erlauben.

Das verändert sich jetzt und damit wird eine ganz neue Grundlage für eine ganze Welt gebildet.

In Himmel auf Erden verbinden wir Liebe und Macht. Das ist alt, weil es so schon war und es ist neu, weil es lange nicht mehr so gewesen ist. Es ist anders, weil die Zeit nicht mehr die gleiche ist.

Zuletzt wird die Frage, was Macht und Liebe sind, neu gestellt werden müssen. Und wir werden verstehen, dass Liebe das göttliche Mittel ist und Macht die übermenschliche Kraft, um Frieden herzustellen, zu erhalten und zu verbreiten.

#himmelauferden

LIEBE ZULASSEN

Die Wahrheit ist: Du lässt nur die Liebe zu, von der du glaubst, dass du sie auch verdienst.

#loveyourlight #loveyourdarkness #youarewhole

LIEBEN

Jeder Moment, in dem es gelingt zu lieben, anstatt Schuld zwischen sich und einem anderen hin und her zu schieben, ist heilig.

Es scheint mir in diesen Tagen das Wichtigste zu sein. Es will Versöhnung stattfinden und überall, wo wir noch kämpfen, wird es zum Zerbersten anstrengend.

Ohne Liebe geht es nicht weiter.
Mit Liebe ist alles möglich.

MACHT

Du kannst Macht ausüben,
indem du Menschen das Gefühl gibst, nicht richtig zu sein.

Du kannst Macht ausüben,
indem du Menschen das Gefühl gibst, richtig zu sein.

Du kannst dich deiner Macht nicht verweigern,
aber du kannst wählen, wofür du sie einsetzt.

#yourinnerplaceofpower

MAGNET

Du kannst aussteigen aus der Idee, zu wenig geliebt zu sein. Die Straßenseite wechseln. Es bleibt alles, wie es ist, nur komplett andersherum. Es gibt nicht mehr zu wenig von irgendetwas.

Fülle ist attraktiv. Fülle produziert Fülle. Du kannst ein Magnet für Fülle sein, wenn du nicht versuchst, Löcher zu stopfen, sondern mit dir selbst ein Fülle-Feld erschaffst.

Fülle ist kein passiver, sondern ein aktiver Seinszustand. Fülle ist flüssige Liebe. Der goldene Saft des Lebens, der köstliche Geschmack von Sonnenmilch und Meeressalz, die Ernte im Garten, der Kuss des Sohnes, der Flügelschlag vom Adler, das Rauschen des Baches, das Wort auf dem Papier, das Geld in der Schublade, das Mondlicht an deinem Fenster. Fülle ist eine goldene Katze.

Deine Fülle zu befreien, nimmt niemandem etwas weg, sondern gibt allen mehr.

Mehr für dich heißt mehr von dir für alle.

MEISTERSCHAFT

Heute Morgen fragte mich eine wundervolle Frau, wie man sanft auf den Tisch hauen kann. Das geht. Das ist ganz einfach:

Verurteile nicht die, die am Tisch sitzen.
Liebe sie für alles, auch für das, weswegen du auf den Tisch haust.

Vielleicht ist es doch eine Meisterschaft?

NEUE WELT

Die neue Welt entsteht in einer Gleichzeitigkeit. So können wir parallel erfahren, dass ein Paradies entsteht und gleichzeitig tobt es in einer verrückten Welt. Nur einen Bewusstseinssprung voneinander entfernt.

Wir können spazieren gehen auf dem Seil, das sich zwischen Wirklichkeit und Illusionswelt aufspannt. Mit jedem Schritt in unseren Herzen sammeln, was uns glücklich macht. Nicht für die Zukunft, sondern für das Jetzt. Nicht nur für uns, sondern für alle.

Es fühlt sich an, als würde der Himmel auf Erden sich um ein Universum erweitern, die Unendlichkeit in die Zeit einziehen, das All in den Raum, der Spirit in den Menschen.

#neuewelt #seelenwissen #neuegemeinschaft #weareone

NEUORDNUNG

Hast du heute schon über einen Fehler von dir gelacht? Hast du heute schon jemandem etwas verziehen? Warst du heute schon nachsichtig mit dir? Hast du heute schon Erwartungen an jemanden zurückgenommen? Hast du dir heute schon auf die Schulter geklopft? Hast du heute schon deinen Anspruch an deine Mitmenschen heruntergeschraubt? Hast du dir heute schon erlaubt, nicht perfekt zu sein? Hast du heute schon gespürt, wie vollkommen liebenswürdig wir alle sind?

Es gibt wirklich viel zu tun. Ich komm manchmal gar nicht hinterher.

OFFENBARUNG

Im Licht verbunden blicken wir auf eine neue Welt.
Mein Herz brennt und leuchtet noch.

So viel Anmut und Schönheit.
Frieden zwischen Mensch und Gott.

Es ist eine Offenbarung, die uns da zuteil wird. Ich trage sie als Schatz in meinem Herzen und verschenke sie an jeden, der davon kosten möchte.

#neuland #licht

PERLE

Wenn Dinge überhaupt nicht so laufen, wie ich dachte, dann entwickle ich im Innern einen gewissen Ehrgeiz, die Perle zu finden, die ich aus den neuen, überhaupt nicht nach Plan laufenden Umständen bergen kann.

Das Leben läuft nicht nach Plan. Und wir können es nicht kontrollieren. Aber wir können uns dafür entscheiden, unter allen Umständen ausgerichtet zu bleiben. Das bedeutet nicht, die Dinge schön zu reden oder sie als angenehmer zu empfinden, als sie sind. Es bedeutet nur, der Perspektive „das Leben ist immer für mich" mehr Bedeutung zu geben, als dem Opfersein.

Ich entscheide mich heute dafür.

#innerstrength

PRÄSENZ

Ich bin da. Und ich bleibe da.
Mein Altar leuchtet. Mein Feuer brennt.
Ich bin da.

Ein Rückschritt kann so viel Fortschritt bedeuten.
Wunder finden außerplanmäßig statt.
Ich bin da.

SALZ DER ERDE

Die neue Welt kann mit einem Salzkorn beginnen.
Mit einem Wort, das du sprichst.
Einer Entscheidung, die du triffst.

Sie kann sogar damit beginnen, etwas nicht mehr zu tun.

Definitiv wird die Manifestation des Neuen nicht ohne unser Zutun passieren. Wir formen die Richtung, durch die Richtung, in die wir handeln, schauen und gehen.

Wir sind sowas von gefragt gerade, bestimmte Dinge in die Hand zu nehmen. Den Unterschied zu machen, den wir machen können. UND dann Gottes Segen zu empfangen für das, was eben nicht mehr innerhalb unserer Wirkmacht liegt.

Tue das, was in deiner Macht steht und was nicht in deiner Macht steht, das lege in Gottes Hände. Es ist ein Tanz zwischen großer Ermächtigung und absoluter Hingabe und Öffnung – und darin erfahren wir so viel Schubkraft hin in die Verwirklichung des Neuen. Und sehr, sehr viel Heilung.

Wir dürfen uns ein bisschen zum Fenster rauslehnen. Es ist die Abkehr von „ich kann was nicht“ hin zu „was will ich eigentlich leben“. Das Neue ist nicht in den gewohnten vier Wänden. Auch wenn es noch Jahre (Jahrzehnte?) dauern kann, bis die Welt gewandelt ist:

Wir leben jetzt. Wir wandeln jetzt.

Wir sind das Salz der Erde.

SCHEITERN

Man sieht es mir nicht an, aber Menschen, die mit mir leben, wissen: Ich bin zäh. Ich kann mich durchbeißen, wenn es sein muss. Ich gebe nicht auf, woran ich glaube. Ich kann ohne meckern und jammern über lange Strecken hundert Prozent geben.

Manche Menschen sind überrascht bis irritiert, wenn sie bemerken, dass in dem zarten Wesen eine Power wohnt, mit der sie einfach nicht gerechnet hätten. Es passt nicht in ihr Bild von einer zarten, kleinen Elfe, wenn die sich plötzlich die Ärmel hochkrempelt und sagt: „Alles klar, dann mal los – packen wir´s an."

Aber ganz ehrlich – mir ist in diesem Leben auch nicht alles zugefallen und ich musste es nur an die passende Stelle in meinem Leben rücken. Ich habe selbst

Stein auf Stein gesetzt. Dann bin ich mit dem Kopf durch die Wand, die ich eben noch gebaut hatte und habe nochmal von vorne angefangen.

Ich weiß, es gibt Menschen, die haben in der Babywiege einen Ruf und dann geht alles wie von selbst. Wunderbar. Nur: Zu diesen Menschen gehöre ich nicht. Ich habe Jahre des Suchens und Findens hinter mir. Ich bin durch Zweifel gegangen und habe immer wieder Halt in mir selbst finden müssen.

Wenn dein Erfolg/deine Erfüllung noch nicht da ist, dann kommt das auch morgen nicht von alleine. Natürlich gibt es Dinge, die du dafür tun kannst oder vielleicht sogar musst. Das weißt du selbst am besten. Aber was fehlt dir wirklich, damit du deinen Weg gehen kannst?

Vielleicht: Die Bereitschaft dabei zu scheitern. Und es trotzdem zu tun.

Denn es ist so: Du wirst nicht nur Jubel ernten. Manche Entscheidungen führen dich in eine Sackgasse. Es wird dich vielleicht Geld kosten. Oder Zeit. Du wirst in Frage gestellt werden und dich selbst in Frage stellen. Du wirst Dinge tun, die du danach lieber ungeschehen machen würdest.

Ich schreibe das hier nicht nur für dich, sondern auch für mich. Denn die Angst vor dem Scheitern ist nicht plötzlich weg: Sie will immer wieder neu durchlebt und erlöst werden.

Verliere lieber dein Gesicht, als deinen inneren Ruf.
Verliere lieber die Liebe eines Menschen, als deine eigene.
Verliere lieber dein Geld, als die Chancen in deinem Leben.

Ich ziehe den Hut vor jedem, der sich dazu aufmacht.

SCHÖPFER SEIN

Zauber. Dunkelheit. Licht.
Der Himmel geht in der Erde auf.
Wir sind Schöpfer. Nicht der Welt.
Sondern des Universums.

Wir sind die Dunkelheit.
Das Licht. Und die Farben.
In uns geht der Himmel auf.

Das Einzelne erlöst sich im Einen.
Das Eine vervielfacht sich im Einzelnen.
Gott ist nicht in uns. Wir sind in Gott.

#heavenmusic #starsinmyheart

SCHULD IST EIN IRRTUM

Schuld ist ein Irrtum. Dort, wo wir glauben, dass sich jemand schuldig an uns gemacht hat, haben wir einen Aspekt unserer Macht verloren.

Die Wahrheit ist immer für dich, mitunter dennoch hart, damit sich deine Illusionen an ihr brechen können.

Niemand hat Macht über dich, solange du sie nicht abgibst. Dort, wo du sie bereits abgegeben hast, bist du unfrei, abhängig und unfähig so zu handeln, wie du es eigentlich möchtest. Es fehlt dir genau das, was – scheinbar – nicht in deiner Hand liegt.

Hole es dir, ohne es jemand anderem wegzunehmen.

SEELENHAUS

Heute habe ich in der Akasha über das eigene Seelenhaus gelesen. Und über die Wichtigkeit, darin Frieden zu machen. Aufzuräumen. Leer-Raum entstehen zu lassen.

Wir sind überfüllt. Voller guter Dinge, die wir nicht mehr lieben. Voller alter Geschichten, die wir nicht mehr brauchen. Voller Pläne, die uns nicht mehr führen.

Die Lesung hat mich an einen Traum in meiner Kindheit erinnert. Ich träumte, dass die Menschen den Schlüssel zu ihren Häusern verloren hatten. Und so wie der Schlüssel verloren war, so waren auch die Menschen selbst verloren. Es war die Nacht der Menschheit und doch gleichzeitig der neue Morgen.

Lieber verliere dich für einen Moment,
als dass du dich nie findest.
Lieber gehe in die Nacht,
als dass du nie den Morgen siehst.

Der Schlüssel ist Liebe. Konkrete Liebe. Alltägliche Liebe. Gelebte Liebe. Gezeigte Liebe. Bezeugte Liebe. Authentische Liebe. Vergebende Liebe. Selbstliebe. Deine Liebe.

#seelenhaus #lichttrifftraum

SEELENLEUCHTEN

Deinem Seelenweg folgst du immer, genau dort, wo du gerade stehst. Du musst nirgendwo anders hin. Und niemand anders werden.

Wenn du aufhörst, etwas zu müssen, bist du schon ganz woanders. Und ganz neu geworden.

Eine Seele leuchtet nicht, weil sie irgendetwas muss. Sondern weil sie kann.

#seelenwege #derhimmelistallgegenwärtig

SEELENWEGE

Eine Seele geht den Weg, den sie sich vorgenommen hat. Keinen anderen.

Als Menschen sind wir machtlos, den Seelenweg eines anderen zu verändern. Die Erde führt alle immer wieder auf ihren jeweiligen Weg zurück. Egal, was passiert. Niemand geht verloren.

Die Erde hat eine Landkarte und auf ihr leuchtet ein Weg für jede Seele. In diesem Licht ist Macht, weil die Erde um den Plan des Himmels weiß und ihn widerspiegelt.

#himmelauferden

SEELISCHE STÄRKE

Seelische Stärke im Menschsein entwickelt sich nicht dadurch, alles richtig gemacht zu haben, sondern dadurch, den Frieden mit sich selbst unter allen Umständen erlangen und aufrecht erhalten zu können.

Kein Fehler wiegt so schwer, wie dein eigenes Urteil über deine Fehler. Zwischen dir und deiner wahren Stärke und Größe steht in Wirklichkeit das Urteil über dich selbst.

Verzeih. Als erstes dir selbst.

Am Ende siegt die Wahrheit, wenn du ihr deine Stimme gibst und sie deine Stimme ist. Leise flüstert sie in dir: „Schuld ist eine Illusion". Und du weißt, dass sie recht hat.

SEIN

Sieh über das hinweg, was ich nicht bin, aber zu sein versuche.
Ich sehe hinweg über das, was du nicht bist, aber zu sein versuchst.

Ich tue es für dich.
Du tust es für mich.
Ich tue es für mich.
Du tust es für dich.

Wir sind so geliebt. Nicht für das, was wir zu sein versuchen. Sondern für das, was wir sind. Dort treffen wir uns und die Liebe ist die stille Explosion in unseren Herzen, die Kreise zieht.

Ich liebe dich.

SICHER

Man kann warten, bis es auf der Erde sicher genug ist, um die eigene Macht zu leben. Oder man lebt die eigene Macht, um es auf der Erde sicher zu machen.

STARK

Menschen, die stark wirken, sind oft sehr zerbrechlich.
Menschen, die zerbrechlich wirken, sind oft sehr stark.

In einer Zeit der Masken dürfen wir umso mehr unsere Mitmenschen SEHEN und FÜHLEN. Wenn du nur die Hälfte des Gesichtes siehst, dann schau stattdessen auf das Herz, denn es erzählt dir alles.

Über die Angst.
Die Hoffnung.
Den Mut.
Die Fragen.
Die Verzweiflung.
Und das Glück.

#kinderdeshimmels #kinderdererde #diegroßegemeinschaft

STILLSTAND

Wo in deinem Leben wendest du eine ungeheure Kraft auf, obwohl sich nichts bewegt?

Ein Hamsterrad hat zwar von innen ein MEGA Tempo, ist aber von außen: STILLSTAND.

Es verändert sich nichts. Das können wir von innen heraus nicht glauben und es ist von außen betrachtet eine Tatsache. Das einzige, was die ganze Zeit passiert, ist, dass wir Energie verbrauchen.

Du wirst viele Gründe haben, warum du dort drin bist und diese Gründe kann ich dir nicht nehmen. Aber ich kann dir einen Grund nennen, warum es sich lohnt auszusteigen:

Du wirst frei.

#selbstbefreiung #transformation #bergeversetzen

TIEFER LIEBEN

Das Leben ist eine einzige Einladung, tiefer zu lieben.

Ganz besonders an Stellen, an denen wir über uns selbst oder andere urteilen. An denen wir im Schmerz sind, Angst haben. Es anders haben wollen, als es ist. An denen wir mit uns selbst oder anderen ringen, an denen das Leben uns maximal herausfordert, an denen unsere Schatten auf dem Tisch tanzen. All das sind Einladungen:

Tiefer zu lieben.

Ich weiß, dass ich längst noch nicht alle Einladungen angenommen habe. Dass ich manche sogar ausgeschlagen habe. Einige nicht verstanden, andere übersehen habe.

Das macht mich demütig und sehnsüchtig. Und ich glaube, dass wir als Menschen die Demut vor dem Leben und die Sehnsucht nach der Liebe brauchen, um Arroganz und Eigenwilligkeit abzustreifen.

Ein guter Platz ist für mich kein Platz, der aus Eigenlob oder dem Beklatschen anderer entstanden ist. Das ist ein Thron, der brüchig ist. Es wird immer etwas Anstrengung kosten, ihn zu halten. Ein guter Platz ist für mich dort, wo ich mit mir selbst im Reinen sein kann und mich immer wieder darin übe:

Tiefer zu lieben.

Diese Zeiten laden uns ein, uns menschlich zu zeigen. Denn wir sind als Menschen auf Augenhöhe und überall, wo wir sie verlieren, verlieren wir auch ein Stück Würde im Miteinander.

Tiefer lieben zu lernen ist ein Weg, auf dem wir uns begegnen und Verbindungen knüpfen, die zu einem Netz werden, das die neue Welt umspannt. Es sind neue Werte, die sich auf dieser Grundlage bilden und die wir ganz dringend brauchen, um der Versuchung zu widerstehen, den Prunk und den Glitzer auf dem selbstgebastelten Thron zu polieren.

Mögen wir erkennen, dass es kein „besser-Sein als der andere“ gibt, weil wir alle gleich wertvoll sind. Mögen wir erkennen, dass manche Schuldzuweisung nur ein Hilferuf nach Liebe ist, der sich erlöst, wenn wir mit Liebe antworten. Mögen wir erkennen, dass unser Beitrag zählt und wir ihn zu jeder Zeit an jedem Ort geben können. Mögen wir erkennen, dass die Antwort auf die mannigfaltigen Probleme des Menschen einfach ist:

Tiefer zu lieben.

TRANSFORMATION

Alle Lebensstrukturen werden aufgebrochen, um freizugeben, was nach Erlösung drängt. Die Seele will frei sein und damit sie das kann, tauchen alle Bindungen auf, alle Verstrickungen, alle Abhängigkeiten, die das noch verhindern. Was nicht schön aussieht, kann schön werden, wenn es sein darf, wie es ist. Ich gebe mich hin. Jeden Tag neu.

Das ist der Weg, den ich kenne, um Widerstände zum Schmelzen zu bringen.

Manche Stellen können wir in großen Veränderungen nicht alleine überwinden und dürfen die Hand eines anderen nehmen. Andere Stellen können wir nur alleine überwinden, und brauchen beide Hände frei, damit wir nicht fallen.

Mir wird in aller Deutlichkeit bewusst: Wir können auch als Menschheit nicht zurück. Du nicht. Ich nicht. Wir alle nicht. Wir erblicken in der Gegenwart möglicherweise viel aus unserer Vergangenheit, weil das Licht dorthin fällt, wo noch Heilung ansteht. Aber egal wohin du gehst oder ob du an Ort und Stelle bleibst:

Die alte Welt steht dir für die Zukunft nicht mehr zur Verfügung. Und das ist gut so.

#bindungenerlösen #seelenfreiheit

TREUE

Wenn wir uns selbst treu bleiben, lösen sich sämtliche Konflikte wie von alleine. Denn sie beginnen meistens dort, wo wir uns verlassen haben und dann dem anderen vorwerfen, dass wir das taten.

UNGEBROCHEN

„Ungebrochen und uneingeschränkt ich sein.“
Was bedeutet das für dich?

VERANTWORTUNG

Verantwortung übernehmen erhöht die Schwingung.

In dem Augenblick, wo man WIRKLICH innerlich Verantwortung übernimmt, erhöht sich die Grundschwingung in dir und um dich herum. Verantwortung zu übernehmen ist ein spiritueller Prozess mit einem therapeutischen Effekt.

Nimm alles zu dir, was zu dir gehört. Alles.

Sei DARIN bedingungslos. Sei DARIN unnachgiebig. Sei DARIN siegreich.

VERBINDUNG

Es gibt viele Gründe dafür, Angst zu haben und doch hat die Angst nur einen Ursprung: Den Gedanken, getrennt zu sein. Getrennt zu sein von der Einheit, von Gott, vom All-Eins-Sein. Das bewusste oder unbewusste Gefühl der Trennung führt zu einer inneren Überforderung.

Das ist wichtig – auch gerade jetzt – zu verstehen: Wir Menschen leiden an einer permanenten Überforderung, so lange wir uns als getrennt empfinden.

Manche fürchten sich sogar. Furcht ist Angst auf Vorrat.

Es gibt mannigfaltige Wege und Möglichkeiten, jetzt hilfreich zu sein. Ihnen allen gemeinsam ist: VERBINDUNG herzustellen.

Verbindung ist oft unsichtbar und gleichzeitig in höchstem Maße kostbar. Verbindung ist das Gold in unserer Menschheit.

Unterschätze nicht deine Bedeutung im Kollektiv. Du bist nicht nur ein Sandkorn im Getriebe. Du bist ein ganzes Universum.

#neuland

VERGEBUNG

Wer hat Schuld woran und an wem?
Wer hat angefangen?
Wer hat seine Schuld einem anderen aufgebürdet?
Wer hat sie getragen, ohne was zu sagen?

Die Lösung aus diesem gottverdammten Dilemma ist: Es gibt keine Schuld.

Auch wenn der Verstand hartnäckig Recht von Unrecht unterscheiden möchte und sich danach sehnt, sich selbst zu rächen, andere zu rächen oder sich zu entschuldigen und auf welche Art und Weise auch immer Buße zu tun (zum Beispiel, indem du dein Leben nicht lebst): Du lähmst dich damit und hältst das Konzept der Schuld in dir aufrecht.

Blutrache. Vergeltung. Urteile. Wundere dich nicht, dass uns diese Themen jetzt in der Welt und in unserem Leben verstärkt präsentiert werden. Es ist Zeit.

Es gibt übrigens viele Menschen, die schon lange davon sprechen, dass Schuld eine Illusion ist. Warum wurde ihnen eigentlich so wenig zugehört? Nun ja, stell dir vor, es würde sich herumsprechen, dass es Schuld nicht gibt. Es würde ja gar keinen Sinn mehr machen, sich zu bekriegen.

Menschen, die um ihre Unschuld wissen, sind nicht manipulierbar.
Menschen, die um ihre Unschuld wissen, greifen nicht an.
Menschen, die um ihre Unschuld wissen, verteidigen sich nicht.
Menschen, die um ihre Unschuld wissen, machen, was sie wollen.

Wenn der Glaube an Schuld die Erde verlässt und sie ihren Himmel wiederfindet, dann mag es einen Augenblick der absoluten Orientierungslosigkeit geben. Für den Moment, in dem sich unsere Sicht auf den Sinn und Zweck unseres Hierseins grundlegend wandelt. Nämlich NICHT, weil wir aus dem Paradies geplumpst und jetzt sonst wo gelandet sind, sondern weil der HIMMEL auf ERDEN sich durch uns selbst erschafft, mit jedem Atemzug, mit unserem Leben selbst. Der Himmel ist überall dort, wo du ihn (hin-)siehst.

Zurück zu dem ungelösten Thema und damit zum Anfang. Wenn du es nicht lösen konntest, dann bleibt dir noch eines: Wir sind Menschen, wir machen Fehler in unserem Leben. Du. Ich. Und jede:r andere auch. Ich bin sicher, dass du alles dafür tust, deine Sache gut zu machen.

Mein einfacher Weg, um mich von Aspekten zu befreien, die ich nicht vollständig lösen, jedoch auch nicht weiter in mir tragen kann: Ich vergebe.

#frieden #unschuld #wandel #heiligergeist #feuer #vergebung

VERGESSENES GESCHENK

Das größte Geschenk, das der Mensch anzunehmen vergessen hat, ist die Erde.

Vielleicht war es zu groß und deswegen hat der Mensch versucht, sich größer zu machen als die Erde. Aber es ist letztlich immer noch so wie es ist: Die Erde ist größer als der Mensch und trotzdem sein Geschenk.

#sacredearth

VERLUST

Der Schlüssel zur Meisterschaft deines Reichtums liegt nicht darin, mehr als andere zu haben. Sondern darin, in jedem Verlust den Mehrwert zu erkennen.

Du bist Teil von etwas ganz Großem. Teil vom großen Kreislauf des Lebens, der immer in Bewegung ist. Der dich in die Knie zwingt, wenn du versuchst, ihn zu bezwingen und der dich mitreißt, wenn du nicht weißt, was du willst.

Alles, aber auch wirklich alles von dir ist Teil vom großen, einen Kreislauf. Es ist unmöglich, dass du keinen Verlust „erleidest“, so wie es unmöglich ist, dass ein Baum im Herbst seine Blätter behält. Fülle vermeidet nicht den Verlust, sondern integriert ihn, wodurch er zum Dünger für den nächsten Frühling wird.

VERSPRECHEN

Es gibt ein heiliges Versprechen zwischen Himmel und Erde.
Wir sind hier, um es einzulösen.
Wir sind das Versprechen.

VERTRAUEN

VERTRAUEN entsteht nicht,
weil wir uns nie enttäuschen.
Sondern, weil wir einander vergeben,
dass wir es taten.

VERGEBUNG bedeutet nicht,
dass einer Recht hat.
Sondern, dass die Wunde
hinter der Verurteilung
geheilt wird.

LIEBE berechtigt nicht,
das Ego des anderen zu zügeln.
Sondern immer das eigene.

BEZIEHUNG gelingt nicht,
weil wir uns immer einig sind.
Sondern, weil wir groß genug sind,
den anderen ganz zu lassen.

VIELE

Wir sind mehr als viele, wir sind eins.

VOLLE HERZEN

Mögen diese Tage dich mit Fülle überraschen.
Nicht weil du zu wenig hast.
Sondern weil du bedingungslos verschenkst.

Mögest du in diesen Tagen Weichen stellen.
Nicht weil du mit dem Rücken an der Wand stehst.
Sondern weil du bereit bist, dich umzudrehen.

Mögen diese Tage dir tiefe Sicherheit schenken.
Nicht weil du haltlos und verloren bist.
Sondern weil du dich erinnerst, wo du herkommst.

Mögen diese Tage dich mit inniger Begegnung streicheln.
Nicht weil du alleine einsam bist.
Sondern weil dein Herz voll stiller Liebe überläuft.

WACHSEN

Du musst nicht erst fehlerlos sein, um dich zu lieben. Du hast ein Recht darauf, dich zu irren, dich wieder zu korrigieren, daneben zu liegen, mal zu weit gegangen zu sein, dich mal versteckt zu haben.

Fehler zu machen, ist kein Grund, sich nicht zu lieben.

Im Gegenteil.

#zusichstehen

WANDEL

Wir kreieren einen Stillstand.
Und finden Stille.

Wir erschaffen einen Ausnahmezustand.
Und erinnern unseren natürlichen Zustand.

Die Neuordnung unserer Erde, der Natur, der Menschheit lässt nur noch das zu, was innerhalb der göttlichen Gesetzmäßigkeiten liegt. Wir können also schon mal aufhören, besser sein zu wollen als andere. Mehr zu besitzen. Weiter zu kommen. Es wird nicht mehr der eigene Vorteil oder die eigene Bevorteilung im Vordergrund stehen. Sondern Menschlichkeit.

Je mehr wir jetzt davon entwickeln, desto weniger wird zu Bruch gehen müssen.

#wandel #neuemenschheit #neuland #neuewerte

WELTEN BEWEGEN

„Ich liebe bedingungslos und mache mich frei davon, geliebt werden zu müssen."

Diesen Satz bewege ich in meinem Herzen, wenn ich meine Bühne betrete. Es geht nicht darum, den größten Applaus zu ernten, sondern etwas auf der Welt zu bewegen, zu verändern. Dieser Satz nimmt mir den Druck, dass mich jemand gut finden muss. Dass ich es so machen muss, dass es allen gefällt. Dass es jedem etwas bringen muss, dass mich jeder verstehen muss. Dass es … perfekt sein muss.

Aus „wie kann ich es so sagen, dass es allen gefällt" kann werden „wie kann ich es so sagen, dass ich den größten Unterschied mache".

#truthonstage

WELTENWANDEL

In der neuen Welt geht es nicht darum, mehr als andere zu haben. Es geht darum, dass es für alle reicht. Das ist möglich, ohne dass jemand dabei zu kurz kommt. Die neue Welt ist nicht morgen. Sie ist schon. Überall, wo gesunde Fülle ist.

Steig ein. Mach mit. Sei Teil davon.

Du lebst dann immer noch auf der gleichen Erde, aber in einer anderen Welt. Mit dir wird sie Wirklichkeit.

Mehr für dich heißt mehr von dir für alle.

#derwertewandel #goldenekatze

WERTVOLL

Wenn du einen Mangel spürst, dann kann es sein, dass du nicht zu wenig, sondern zu viel hast. Es ist sogar sehr wahrscheinlich. Beginne also loszulassen, reduziere dich.

Die meisten Menschen haben ein Gefühl von „ich habe noch nicht genug“, das sich nicht erlöst, in dem sie mehr haben. Sondern weniger.

Reichtum und Fülle sind nur dann erfahrbar, wenn wir das, was wir haben (was beliebig viel oder wenig sein kann), wertschätzen. Die Wertschätzung wächst nicht mit der Summe der Dinge, sondern mit der Reduzierung der Dinge auf das Wesentliche.

Ich muss immer ein bisschen lächeln, wenn ich Werbeanzeigen dazu laufen sehe, wie ich noch mehr verdienen kann. Niemand erzählt dabei davon, dass mehr nicht wirklich mehr ist. Mehr wird etwas, wenn die Wertschätzung steigt.

Gib so viel her, bis du merkst, dass das, was du noch hast, wertvoll ist. Dann überprüfe, warum es wertvoll ist. Ich nehme an, es ist nicht der Sachwert. Sondern du liebst es, aus irgendeinem Grund. Und hier sind wir bei dem angekommen, worum es in Wirklichkeit geht:

Die Liebe ist wertvoll.

Ein empfundener Mangel ist also immer ein Mangel an Liebe. Die Welt erzählt dir, dass du jemanden oder etwas brauchst, um diesen Mangel zu beheben. Denn das macht dich bedürftig, abhängig und gefügiger. Aber in Wirklichkeit ist es nicht wahr.

Du hast genug Liebe.

#fülle #reichtum #neuewerte

WUNDER

Die Erde braucht dich.
Der Himmel schickt dich.
Deine Liebe macht es möglich.

#wunderwirken #wahrheit

ZUERST GOTT

Erst Gott.
Dann du.
Dann alle anderen.

Setzt du „alle anderen“ an die erste Stelle, unterstehst du den Gesetzen der Welt. Setzt du dich an die erste Stelle, unterstehst du den Gesetzen des Egos. Setzt du „Gott“ nach oben, unterstehst du den Gesetzen Gottes.

Setzt du dich an die letzte Stelle, fühlt du dich verloren. Setzt du „Gott“ an die letzte Stelle, fühlst du dich ebenfalls verloren. Setzt du „alle anderen“ an die letzte Stelle, kannst du ihnen am meisten dienen.

Setzt du „Gott“ in die Mitte, lebst du in einem inneren Konflikt. Setzt du „alle anderen“ in die Mitte, gehst du unter. Setzt du dich in die Mitte, bist du an deinem Platz.

Du hast die Wahl. Wähle weise.

ZWISCHENRAUM

Ich arbeite oft mit Menschen, die das Gefühl haben, sie leben in einem Zwischenraum. Nicht richtig auf der Erde. Nicht richtig im Himmel. Im Leben herrscht manchmal das Gefühl, zwischen den Stühlen zu sitzen. Sich nie ganz verwurzeln oder positionieren zu können, immer ein bisschen auf der Weiterreise zu sein, anstatt sich innerlich niederzulassen.

Manchmal steht es gar nicht an, diesen Zwischenraum zu verlassen. Sondern ihn erstmal ganz einzunehmen. Dann wird er plötzlich größer. Schöner. Und bekommt ein Gefühl von zu Hause.

Ich bin oft dort. An der Schnittstelle zwischen Himmel und Erde.

#ortderseele

ZULETZT

Du bist unglaublich. Ich hoffe, das hat dir heute schonmal jemand gesagt. Wenn nicht, dann suche dir Menschen, die das tun. Nicht weil du es nötig hast. Sondern weil sie in dir erkennen können, dass sie es selbst auch sind. Und dass sie neben einem Stern wie dir genauso beginnen zu strahlen und ein neues Universum entsteht. Es funkelt. Es leuchtet.

War es nicht das, warum wir gekommen sind?

DER DANK

Mein Dank gehört den vielen Menschen, die sich dazu entschieden haben, diesen Wandel der Zeit mitzugestalten. Menschen, die ein starkes Herz haben und deren Schritte wesentlich sind, um Neuland unter unseren eigenen Füßen wahrhaftig entstehen zu lassen.

Mein Dank gilt auch meinem wundervollen Team, ohne das dieses Buch nicht in die Welt gekommen wäre. Susanne End hat das Buch vor ihrem inneren Auge gesehen und einen Teil der Texte zusammengestellt, die ich über die letzten Jahre in den sozialen Medien veröffentlicht, aber nie zu einem Buch zusammengefasst hatte. Dagmar End hat liebevoll die vielen Fehler rausgenommen. Klaus Donarski hat es in eine wunderschöne druckfähige Buchform gegossen.

Das Neue entsteht nicht, weil eine:r etwas Großes tut. Sondern, wenn sich mehrere zu einem Zweck zusammenfinden und jede:r das eigene Beste an die richtige Stelle gibt.

Amira Trümner

DER ZAUBER

Ich berge einen Schatz.

Gerade bin ich aufgetaucht aus meinem Tauchgang der vergangenen Nacht.

Ich schreibe an einem Buch. Eigentlich schreibe nicht ich es, sondern es wurde längst geschrieben. Von einer wundervollen Frau. Ihre Texte fließen frei hier im Raum und ich fische die leuchtenden Worte aus den Tiefen, um sie an ihren Platz zu bringen. Und eigentlich wird es auch kein Buch, sondern ein Werk. Es kommt aus dem Himmel, der Erde und aus Neuland.

Du wirst es spüren, denn jedem Menschen, der es mit dem Herzen liest, wird es die Pforten dorthin öffnen. Und auf diesen Moment freue ich mich sehr.

Neuland wurde vor langer Zeit geschrieben und zugleich auch erst jetzt. Für genau diese Zeit. Damit Du es jetzt, in diesem Moment, hier in deinen Händen halten kannst.

Susanne End

DIE AUTORIN

Amira Trümner ist die Gründerin der „Schule des Lebens – Himmel auf Erden".

Ich arbeite mit Menschen, die Visionen für die neue Erde in sich tragen. Die Sehnsucht nach dem Himmel weckt sie auf, manchmal ganz zart, manchmal zum Zerbersten stark.

Menschen mit Visionen haben ein Verlangen nach Verwirklichung. Ich helfe ihnen, sich über ihre Vision bewusst zu werden und sie zu gebären, denn es ist wie ein Geburtsprozess, wenn etwas Himmlisches auf die Erde kommt. Das Schwerste ist das Loslassen. Das Loslassen in eine Welt, in der es auch Scheitern und Risiken gibt. Und doch ist es der einzige Weg, der zu nehmen ist, damit die Vision ihre Erfüllung finden kann. So bin ich auch eine Gärtnerin, die hegt und pflegt, Mut macht und an die Vollendung glaubt.

Ich versammele Menschen, die sich über ihren Platz in der Schöpfung bewusst werden möchten und die sich Kraft und Potential erschließen, um die Welt zu dem zu machen, was sie sein kann.

Jede:r auf die eigene Weise, alle für das gleiche Ziel: Frieden.

Eine Vision ist kein Beruf oder ein Projekt, auch wenn sie sich in diesen Formen ausdrücken kann. Eine Vision ist Licht. Eine Vision zu finden, bedeutet Licht in sich zu erkennen, Licht in die Erde zu bringen und Licht in die Welt zu tragen.

Vielleicht kennst du ein Gefühl von „ich bin wichtig" und gleichzeitig von „ich bin noch nicht da, wo ich hingehöre." Dann könnte es sein, dass du gerade angekommen bist.

Sei herzlich willkommen.

Amira Trümner
Ausbilderin, Autorin und Mentorin
www.amira-truemner.de

WWW.AMIRA-TRUEMNER.DE